COMTE L. DE GIRONDE

✣

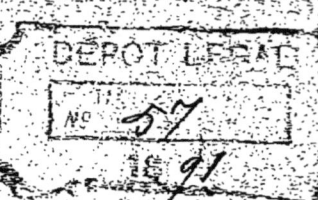

Retour

d'Espagne

1892

RETOUR D'ESPAGNE

Imp. Forestié, Montauban

COMTE L. DE GIRONDE

Retour d'Espagne

1892

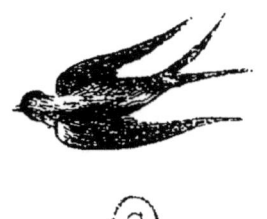

A peine arrivé d'Espagne, j'essaie, au coin du feu, de refaire mon voyage et de mettre en commun, avec quelques amis, mes impressions les plus agréables et les plus vives.

Dans ces pages très brèves, sans prétention aucune, je me garde d'aborder le vaste et imposant sujet des grandes cathédrales, chefs d'œuvre du génie chrétien; un volume ne suffirait pas à décrire toutes leurs beautés et leurs richesses. Je parle seulement des choses qui ne se voient qu'en Espagne, de la peinture espagnole, d'un art arabe absolument merveilleux et original.

Les Arabes et leur civilisation m'ont particulièrement captivé. Durant des siècles d'occupation, ils ont semé sur ce pays l'art et la vie orientale à pleines mains. Quelques grands témoins du passé sont encore debout, mais surtout il est resté, répandu partout, dans les mœurs, dans les formes, dans l'air, comme une poussière d'Orient très appréciable; si bien que je suis tenté de dire :

Ce qu'il y a de meilleur en Espagne, c'est l'Orient.

I

Les exubérantes floraisons des cathédrales gothiques, de la statuaire en bois et de la peinture espagnole ont leur source dans les mêmes aspirations, procèdent du même élan de foi.

En sculpture, ce qu'on a appelé la grande école castillane, visible surtout au musée de Valladolid, nous a semblé n'avoir qu'un mérite bien relatif, dû surtout à la sincérité de l'inspiration et à l'antiquité. Quelques œuvres ont du caractère, telle la *Mise au tombeau*, d'Alonzo Castillo, exposée sur le maître-autel de la chapelle de la Caritad, à Séville. Au premier plan, le corps du Sauveur, que la mort vient à peine de toucher et n'a pas encore rendu rigide, est posé en travers, sur les genoux de sa mère, long et souple, avec l'abandon d'un enfant qui dort; un disciple soutient sa tête, un autre se prosterne à ses pieds; les autres sont groupés à l'entour. Au second plan, ce n'est plus de la sculpture : les deux larrons et tout l'appareil du Golgotha, peints sur le retable même, dominent la scène.

Mais le grand chef-d'œuvre de la statuaire espagnole se trouve dans la cathédrale de Tolède. C'est un *Saint François d'Assise* attribué à Alonzo Cano; corps d'ascète extasié, à la peau tirée sur les joues, à l'œil humide. La statue est d'un mètre de hauteur, habillée de peau avec une habileté extraordinaire, suivant la mode du temps : *vestida*. Cette œuvre impressionnante met très en relief ce qui est le trait caractéristique de l'art espagnol au Moyen-Age, l'intensité dans l'expression du sentiment religieux.

En peinture, très complexe est l'impression que nous laisse une visite aux musées d'Espagne. Au travers de ces toiles ruisselantes du sang de la macération, ou simplement mystiques, le tempéramment du peuple espagnol se fait jour. Les *corridas,* la *navaja,* la vie violente et tragique ont toujours plu à ce peuple; il est tout à fait familiarisé avec la mort. C'est là un trait de mœurs qui mérite d'être signalé. Est-il dû à un long contact avec le fatalisme musulman ou à sa robuste foi chrétienne? A d'autres d'en décider.

Dans leur école de peinture, un esprit de bonhommie pratique s'allie très heureusement à un réalisme naturel, sans parti-pris. Tandis que chez les Italiens, fils des Grecs, dès l'époque de la Renaissance, il n'est pas un peintre ou un sculpteur qui ne soit, avant tout, occupé d'une façon prédominante de l'harmonie, de la beauté du corps humain, de cette sorte de balancement matériel des lignes et des formes qui, après toutefois l'expression de la pensée, constitue l'Art, les Espagnols, eux, cherchent à reproduire la vérité vraie, sans autre préoccupation. Valdès Léal, à la Caritad, nous montre l'effondrement dans le néant des vanités humaines : une mître d'évêque! au-dessous, une tête creusée, jaune, décomposée, une ombre de tête sur une ombre de corps qu'on devine, des loques qui s'affaissent dans la pénombre... et c'est tout; les vers travaillent, on les entend.

Ce réalisme, répugnant parfois, mêle les idées aux sensations. Alors même qu'il me fait devenir chair de poule, il me fait penser, il a une âme, bien différent en cela d'une certaine école réaliste contemporaine, qui retrace avec complaisance l'inertie et l'abrutissement. N'en déplaise à cette école, toute de convention, la copie littérale, indifférente des choses, ne sera jamais le dernier mot de l'Art; il y aura toujours place pour l'interprétation et le sentiment. La Nature n'est pas cette bonne grosse fille que le premier malotru qui passe prend par la taille: c'est une sirène qu'il faut deviner; il faut savoir lire dans ses yeux. Choisir et voir, quoi qu'en disent les Manet et les Zola, telle sera toujours la tâche du peintre... et du poète. S'il n'idéalise pas en quelque manière son sujet, il l'abaisse.

Le réalisme espagnol est, du reste, un effet du tempéramment, de la race et du climat. Considérez les religieux spectacles de la Semaine sainte à Séville, manifestations auxquelles la valeur artistique ne fait pas toujours défaut et qui, dans tous les cas, au point de vue qui nous occupe, ont bien leur prix. Assurément, il convient de voir, dans ces richesses accumulées, un gage de la foi vivace et expansive des populations, mais ne doit-on pas également constater une secrète harmonie entre cette humanisation du drame de la Passion et les mœurs de ce peuple, telles que le climat les a faites? En vain chercherait-on, sous le beau ciel de l'Espagne, ces brumes des pays tempérés qui engendrent les esprits rêveurs. Rien ici des Niebelungen!... Les paysages ont un horizon qui tranche net sur le ciel presque dur à force de netteté. L'air est si sec, si pur, si transparent, que le détail le plus lointain s'accuse avec une précision parfaite, précision que ne parviennent même pas à altérer les buées lumineuses du soir. S'il n'y a pas de place dans ce pays pour le vague et l'abstraction, n'en cherchez pas ailleurs la cause. La Nature même vous donne la clé de la race, vous révèle ses aptitudes et ses mœurs, dont les arts ne sont qu'un fidèle reflet. Ici l'illusion matérielle n'est jamais poussée assez loin, les manifestations ne sont jamais trop voyantes; mais telles qu'elles sont, comme toute chose *vraie,* elles méritent d'être admirées.

A ce titre, et bien qu'ennemi de tout ce qui est excessif, nous sommes séduit par le fameux Christ de la cathédrale de Burgos, le modèle du genre, dont les plaies paraissent vives, la vraie peau des bras tout ankylosée, les vrais cheveux souillés de sang, et dont les lèvres entr'ouvertes, frémissantes, font entendre une plainte. Si forte, du moins, est l'illusion, qu'on croirait l'entendre. Œuvre sans style, mais horriblement vraie, horriblement espagnole.

L'amour divin qui consumait leur grande sainte espagnole, sainte Thérèse, n'avait-il pas lui-même quelque chose de cette sensibilité terrestre si recherchée? Cette sensibilité, Bernin l'a traduite d'une façon, en vérité, trop profane, dans son chef-d'œuvre de *Santa Maria della Vittoria,* à Rome. En effet, il n'est pas permis, dans ce petit drame, d'une expression adorable, où l'on voit la sainte pâmée sous la flèche de l'ange messager d'amour, de distinguer autre chose que l'attrait raffiné, irrésistible et vainqueur de la volupté humaine.

Quoi qu'il en soit, en des siècles de génie, la foi espagnole a dressé jusqu'au ciel de magnifiques cathédrales, mais si l'on veut bien comprendre le caractère religieux de ce peuple, il ne suffit pas de considérer isolément ces grandes aspirations spiritualistes, il faut y joindre, comme corollaires, nous dirions presque comme correctifs, les mystères des processions de Séville, le Christ de Burgos, en un mot, l'ensemble réaliste de la statuaire et de la peinture espagnoles.

Quelques très grands peintres, vraiment primesautiers, tranchent en haut-relief sur ce fond :

C'est MURILLO.

L'œuvre de Murillo, à Madrid, m'avait paru charmante plutôt que belle. Ses Vierges du Prado, jolies à croquer, ne sont au fond que des ingénues. Sans grand effort, à leur occasion, l'on pourrait se remémorer les vers de Musset à Pepa :

. . . .
Pepa, quand la nuit est venue......

....

O Pepita, charmante fille,
Mon amour, à quoi penses-tu ?

....

Peut-être aux tendres confidences
D'un cœur naïf comme le tien ;
A ta robe, aux airs que tu danses,
Peut-être à moi, — peut-être à rien.

La maîtresse-toile même que l'on voit à l'Académie de San-Fernando, *Sainte Élisabeth soignant les teigneux,* l'idéal de la sœur de charité sous les traits d'une reine, composition pleine de douceur et de finesse, et dont le coloris, à reflets légèrement métalliques, est une fête pour les yeux, semble avoir plutôt le caractère d'une chose jolie que d'une chose belle. C'est le comble du joli !

A la Merced de Séville, Murillo se transforme. Il a plus de fermeté et d'autorité. Les traits dominants seront toujours la douceur, la grâce, la tendresse ; mais il saura donner à ses sujets de prédilection, — les sujets religieux, — un sens pénétrant ou émouvant. Le cœur humain, pour lui, sera une harpe dont il tirera les sons les plus intimes, les plus doux... En voulez-vous juger ? Prenez, presque au hasard, quelques-uns des beaux tableaux de ce musée provincial :

Saint Joseph avec l'enfant Jésus dans ses bras. L'enfant, plein de grâce toujours, est plus sérieux que de coutume; son regard lit dans l'avenir le martyre et le sacrifice, et ce regard d'enfant exprime de la façon la plus touchante la résignation.

La Vierge à la serviette. Expression claire et sereine, la plus douce qu'il ait trouvée de la Vierge Marie. Et dans quel ton délicieusement chaud !...

Les mêmes qualités se retrouvent dans les *Saintes Juste et Rufine soutenant la Giralda.* Ces saintes figurent séparément dans la salle capitulaire de la cathédrale, et *Sainte Rufine* rappelle, avec une expression plus élevée, le célèbre portrait de la *Cenci*, devenu si populaire à Rome. Ce sont là des compositions qui élèvent l'âme, lui donnent comme un pressentiment d'une vie plus pure, plus sereine, plus heureuse.

Saint Antoine entourant de ses bras l'enfant Jésus. Le corps mignon de l'enfant-Dieu frise la joue du saint. Comme pose et comme expression, il est impossible de rien imaginer de plus tendre.

Dans un genre à la fois sévère et doux, étudiez cette œuvre si nuancée où l'on voit *Saint Thomas de Villeneuve descendant dans la rue pour faire l'aumône.* La noble simplicité de l'évêque, l'attente anxieuse, la joie des pauvres : scène pleine d'intérêt et de charme ; et sur le devant du tableau, formant un petit groupe plus éclairé, une jeune mère accroupie, les bras tendus vers son bébé qui accourt. Telle est cette toile de grande valeur que Murillo appelait son chef-d'œuvre.

Enfin, dans la salle capitulaire de la cathédrale, la magistrale *Assomption,* et, dans la chapelle du baptistère, le merveilleux *Saint Antoine de Padoue,* le chef-d'œuvre par excellence, dans lequel l'apparition du petit enfant Jésus blond, qu'une nuée claire accompagne, et l'extase pleine de jeunesse et d'amour du saint sont rendues d'une façon si adorablement séduisante et si humaine !

Ces œuvres, et nombre d'autres presque aussi belles, ont une couleur spéciale, charmante et d'un éclat tempéré, plus ou moins vive, suivant celui des trois genres auquel elles se rattachent : *frio, vaporoso* ou *calido.*

Mon admiration pour le grand peintre de Séville est-elle de l'enthousiasme ? Non. Son coloris tant vanté, pour moi, manque de vie, a quelque chose d'un peu conventionnel, et, bien qu'en cette ville l'horizon, si je puis m'exprimer ainsi, de son idéalisme religieux s'élève remarquablement, il est fort loin d'égaler en hauteur celui des grands peintres de la Renaissance italienne. Chez eux, en effet, le ciel lui-même semble s'entr'ouvrir pour révéler à la terre les trésors de l'art chrétien.

Murillo est le peintre religieux le plus pur et le plus sympathique de l'Espagne. Toujours clair, intelligible, par la douceur et la sérénité de ses compositions, sa couleur même délicate et posée, il répond admirablement au sentiment religieux prédominant dans le peuple : la confiance ; et si sa traduction de l'idée chrétienne est autre que l'interprétation raphaëlesque, c'est que le génie du peuple espagnol, très différent du génie italien, le veut ainsi.

Tandis que l'école italienne, avec sa pureté de conception et de lignes, s'élève et plane dans les sphères idéalistes, l'Espagne catholique, bien partagée elle aussi, a, pour la noblement représenter, un génie qui communique à l'expression religieuse quelque chose de plus matériel, de plus humain, de plus réaliste, puisqu'il faut en revenir à ce terme.

Le mystique Zurbaran est tout l'opposé de Murillo. Apôtre zélé, au temps de la Réforme, il communique à la religion quelque chose de la lutte implacable qu'il soutient; il personnifie la science théologique sans alliage, la quintescence de l'esprit religieux dans ce qu'il a de plus austère; l'extase pure. Le monde s'efface à ses yeux. Ses froids personnages se meuvent dans une froide atmosphère. C'est au musée de la Merced que se trouvent ses plus importantes toiles : par exemple, *Saint Bruno conférant avec le Pape*. Le clair-obscur y règne; l'effroi et la tristesse s'en dégagent.

Nous sommes au musée du Prado, à Madrid.

Chapeau bas : c'est Velazquez... le plus grand peintre de l'Espagne ! A mes yeux, il n'a pas de nationalité ; c'est un grand génie, c'est tout dire. Esprit indépendant et de large envergure, dominant aisément son temps, seul de tous les peintres de l'époque, anticipant en cela sur l'ère moderne, il ne se confine pas dans les sujets religieux et mystiques. Le vol de son génie décrit de hardies paraboles ; il a des courbes et des crochets imprévus. « *Homo sum,* peut-il dire avec Térence, *humani nihil a me alienum puto.* »

Voyez ses buveurs, *Los Borachos,* entourant le jeune Bacchus. Ils sont dans un état de demi-extase. Délicieuse ébriété ! Que la vie est donc bonne !... O les heureuses gens !...

Voici la *Forge de Vulcain,* scène d'une intensité de vie étonnante et, au travers du voile mythologique, profondément humaine.

Plus loin, sont les *Fileuses,* chef-d'œuvre où tant de choses commandent l'admiration : la composition générale du tableau, les attitudes ; cette couleur fine, indécise, qui donne du lointain et de la perspective ; cet air ambiant, subtil, léger, que le spectateur respire, qui traverse en tous sens et pénètre la scène, lui donnant une réalité merveilleuse.

Et que dire du grand tableau des *Lances,* cette maîtresse-page d'histoire, et de ces trois portraits de *Nains-royaux* (fous du roi), où la vérité, la nature sont littéralement saisies sur le vif et à l'emporte-pièce ?... et de ce petit prince de huit ans, à cheval, *Baltazar-Carlos,* mort après s'être fait portraicturer, et qui, grâce à Velazquez, vivra autant que la lune et les étoiles... et du *Comte-duc d'Olivarès,* sur son cheval de bataille... et de ces portraits où le grand seigneur se sent comme chez lui, en possession de ce beau calme froid et passablement fier de l'homme qui croit avoir droit aux hommages? Rien, assurément, n'est mieux fait pour donner une idée avantageuse de la race qui a conquis les deux mondes; rien qui puisse rehausser davantage le peuple espagnol.

Avec RIBERA, nous rentrons dans le fond commun de l'école espagnole. Ce peintre a de belles études de nu; beaucoup de ton, une forte poussée de vie animale, une manière large, accentuée, souvent audacieuse. Son *Prométhée,* du musée de Madrid, et son *Saint Sébastien,* du musée de Valence, sont des morceaux de premier mérite, vigoureux et empoignants.

Arrivons à la personnalité originale et bien espagnole de Goya.

Goya, dont le portrait vulgarisé court toute l'Espagne, de main en main, et sous toutes les formes, est représenté avec une figure pleine, l'air bonhomme, un beau front, le regard fin et narquois, un œil plus petit que l'autre. Est-ce l'imagination, est-ce l'esprit qui l'emporte dans l'expression de ce visage? On ne sait; et après avoir vu son œuvre, on se le demande encore.

Cet homme a plusieurs hommes en lui, et ses productions sont étonnamment variées. Qui dira ce que ces trois petites toiles humouristiques que l'on voit à l'Académie des beaux-arts de Madrid, *Los Disciplinantes, Les Fous, Une Mascarade populaire,* contiennent de philosophie sceptique et bourgeoise?... Aberration, folies, illusions, puérilité et griserie animales, il y a de tout cela dans ces admirables pochades d'un demi-mètre carré. Et quelle facture enlevée, spirituelle, au plus haut degré personnelle!

Goya a peint des sujets de grande taille, poignants, palpitants d'intérêt dramatique. De cette nature est l'épisode de l'invasion française en 1808. Devant les fusils braqués à bout portant d'un peloton d'exécution se dressent, comme autant de drapeaux, les bustes des victimes simplement habillées d'une chemise blanche; on reste haletant. Jamais la corde de l'émotion n'a été aussi fortement tendue!

Dans le genre décoratif, Goya est un maître. Voyez la salle, dite des Tapisseries, qui lui est exclusivement consacrée au musée de Madrid! Sorte de Watteau espagnol, il a beaucoup moins de finesse dans les types et de grâce dans les contours que le Watteau français, mais plus d'éclat et de vérité.

Il a fait de beaux portraits. Quant à sa couleur, un peu terne et bitumeuse souvent, elle a parfois des tons chauds et châtoyants, comme dans sa *Maja* de l'Académie San-Fernando, à Madrid. La femme est nue; l'éclat des chairs est admirable. Le fond de la couche de mousseline et de dentelles blanches est rehaussé par une étoffe de velours vert-paon; la peinture est plus ferme que d'habitude, et le coloris digne d'Henri Regnault.

Goya, enfin, est dessinateur fantastique, comme Gustave Doré. Ses conceptions, dans cet ordre d'idées, ont quelque chose d'excessif qui est bien dans la note espagnole; il en a d'incohérentes; il en a qui paraissent être le fruit d'un mauvais rêve, le produit malsain d'un cerveau déséquilibré ou brûlé par la fièvre. La verve de cet homme est endiablée!

Goya mort, en 1828, la liste des grands peintres espagnols s'est trouvée close.

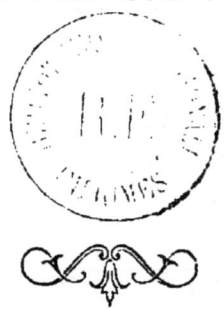

II

L'Escurial : « La huitième merveille du monde, » a dit la vanité espagnole. — « Une fantaisie lugubre, » si l'on en croit tel auteur qui a écrit sur l'Espagne. — « Une création ennuyeuse et monotone, » c'est l'opinion d'un autre.

L'Escurial, à notre sens, ne mérite

<blockquote>Ni cet excès d'honneur, ni cette indignité,</blockquote>

mais il a droit pleinement à notre admiration.

Dans un pays désolé, sans arbres, presque sans verdure, où l'on dirait que la flamme a passé, laissant partout comme des taches de cendres noirâtres entre les rochers gris, s'élève, à 920 mètres d'altitude, cette extravagante masse de granit appelée l'Escurial qui, comme chacun sait, a la forme d'un gril, le gril de saint Laurent. Cette forme, du reste, ajoute peu de chose à son prestige.

Ne cherchant à rendre qu'une impression, nous passons sous silence et son panthéon de marbre, et son escalier géant, et sa bibliothèque, et les splendeurs dont les rois des derniers âges ont voulu couvrir sa nudité.

L'édifice n'a pas un ornement, pas une sculpture. L'âme de ce grand corps, c'est l'église. Elle se distingue par la grandeur et la sévérité de ses lignes, par ses belles proportions, par son manque absolu d'ornementation, par son ton gris uniforme, froid, attristant. Plus tard seulement, au XVIIe siècle, des fresques très blondes de Luca Giordano viendront éclairer les voûtes des nefs et apporter une note un peu gaie. D'une simple stalle de moine, placée à l'angle du chœur, près d'une porte, afin de lui permettre d'entrer et de sortir sans bruit, le roi assistait aux offices. Devant la façade de l'église est une vaste cour rectangulaire, entourée de hautes constructions d'un aspect assez monumental ; les statues des six rois-prophètes la décorent. Au centre, à une hauteur de second étage, une fenêtre s'ouvre et, comme une image pieuse au fond d'un tryptique, apparaissent un admirable Christ en marbre blanc, grandeur naturelle, de Benvenuto Cellini, et au-dessous, un autel et un prêtre en habits sacerdotaux... C'était là, en effet, qu'on disait la messe pour l'armée ; elle l'entendait de la cour, et ce devait être un saisissant spectacle, cette forêt d'armures étincelant au soleil, et ce prêtre, plus près du ciel, élevant l'hostie sainte au-dessus de sa tête !

Il n'est pas de termes de comparaison pour juger l'Escurial. En tant que palais, il ne ressemble à rien. Qui dit demeure royale évoque l'idée de grandeur et de luxe. Notre palais de Versailles est le modèle du genre. Il est peut-être moins imposant que le palais de Philippe II, mais il est plus vaste, beaucoup plus grandiose, et il a surtout un rayonnement de majesté, de beauté artistique et de gloire qui n'existe pas ici.

L'originalité de l'œuvre espagnole consiste dans l'identification de l'ascétisme monacal avec la grandeur royale. L'Escurial est un palais, mais, il n'est pas permis de l'oublier, ce palais est un monastère et un tombeau. Les rois d'Espagne des derniers âges ont eu le tort, à notre avis, d'entreprendre de l'égayer avec des somptuosités, marqueteries de bois raffinées et mièvres, serrureries d'or et d'argent, tapisseries aux couleurs chatoyantes représentant des scènes de tableaux de Wouwermans, de Téniers et de Goya. C'est comme si l'on retroussait la lèvre de l'imposante momie du grand roi Sésostris, qui vient d'être retrouvée en Égypte, pour essayer de la faire sourire !

Un colossal gril de fer construit par un homme d'une telle austérité qu'on peut l'appeler un homme de fer, dans une campagne de fer, « *Escorial* » *; voilà le caractère que le grand moine royal a imprimé à sa création.

La clé de voûte, pour ainsi dire, de l'Escurial, c'est la cellule nue, sans fenêtres, recrépie à la chaux, qui constituait à elle seule tous les appar-

---

* Le nom d' « *Escorial*, » comme on sait, lui vient des scories de fer qui abondent dans la montagne.

tements personnels du roi. Pour en sortir, il devait passer, recueilli, dans ces couloirs plus que rustiques, dont les plafonds bas sont faits de pierres monolithes et qui rappellent les catacombes.

Vous voyez bien que le faste n'est pas ici à sa place, et que le luxe profane, fût-il royal, n'est qu'un contre-sens.

La pensée vraie de l'Escurial, elle est tout entière dans cette petite tribune à pli de corps donnant, d'un côté dans la cellule de Philippe II, de l'autre sur le maître-autel de l'église.

Pour des hommes de cette trempe et de cette humeur, la vie devait être tenue pour un sombre purgatoire, et le ciel catholique devait symboliser la délivrance; ce devait être dans l'existence le seul point lumineux.

Nous trouvons cette pensée très noblement exprimée sur le marbre d'une des tombes royales du palais :

« *Morere et vives; sepelire et resurges.* »

« Il faut que tu meures pour revivre; que tu sois enseveli pour ressusciter ! »

Telle est l'œuvre de Philippe II. Il est bon

de ne pas perdre de vue qu'il était fils de ce grand empereur qui avait, vers la fin de sa vie, poussé l'esprit de détachement et le stoïcisme jusqu'à vouloir s'étendre vivant dans son cercueil.

III

« Sans doute il est trop tard pour parler encor d'elle? »

L'Escurial est ce qu'il y a de plus triste en Espagne; Séville est ce qu'il y a de plus gai. Elle a dû laisser à ceux qu'elle a reçus, cette sirène andalouse, une fugitive et très charmante impression. Séville est avant tout une ville riante; son délicieux climat, comme il fait partie intégrante de sa beauté, fait partie de sa gaîté.

Vous est-il arrivé d'errer, la nuit, dans les vieux quartiers de Florence? Vous croyez être en plein Moyen-Age! Les grands palais aux épaisses murailles, aux énormes pierres saillantes et bossuées, vous parraissent inquiétants. Ils portent à leur base des anneaux de fer destinés à tendre en travers des rues la chaîne des barricades. Luttes civiles, guet-apens, rien ne manque aux vies mouvementées et violentes de cette époque. Vous avancez, retenant votre souffle... des hommes d'armes masqués vont apparaître au détour de la rue, vous allez être témoin d'un meurtre ou d'un enlèvement!...

Le lendemain, Firenze se réveille radieuse, par un beau soleil, et redevient la ville des fleurs.

Séville n'a pas ce grand caractère. A vrai dire, elle manque un peu de caractère.

Ce n'est pas une ville ancienne. Pourtant elle est tout imprégnée de souvenirs arabes; l'Alcazar et la Giralda en témoignent; l'architecture, la décoration de certaines fenêtres, la forme de certains vases, les tuiles de couleur, les *azulejos,* les *patios,* sans parler de la langue, en sont la preuve irrécusable.

Deux charmes possèdent les habitants de Séville : celui de la religion; l'œuvre de Murillo et les processions de la Semaine sainte traduisent bien la nature de leur sentiment; celui de la femme.

Les Arabes aussi avaient en tête la religion et la femme, mais ils les comprenaient tout autrement.

Imaginez, sur la place San-Fernando, une immense statue d'Eros, le dieu de l'Amour; vous verrez, toute affaire cessante, la population entière occupée à lui envoyer des baisers.

Les Sévillanes, tant renommées, sont petites. Elles nous ont paru réellement belles, mais de cette beauté sans beaucoup de branche, qui passe vite et craint d'épaissir. Sans doute, il faudrait, comme ces roses éphémères dont parle Malherbe, les cueillir au vol, dès l'éclosion de leurs quinze ans. Il est certain qu'elles ont de la race. Leurs pieds et leurs mains sont proverbiaux, et surtout elles ont, au plus haut point, la magie de la couleur.

Nous verrons, en traversant l'Andalousie, que le ciel n'a rien de cru; que la lumière n'a, dans ses effets, rien de dur, rien de heurté. En présence des tons si éblouissants et si clairs de cette nature, nous ne pouvons concevoir que les Espagnols, en peinture, aient versé autant dans le noir. Il semble vraiment qu'il devait y avoir place ici pour des Fromentin.

Revenons à notre Sévillane. Elle vaut moins par le galbe que par la couleur. Ses yeux sont des diamants noirs, son teint est blanc et mat, sa bouche carminée, sa chevelure noire avec un reflet bleu, comme celle des gitanes, et chez elle, comme dans la nature, ces oppositions de tons sont douces. Il faut la voir quand, les cheveux toujours ornés de la fleur romantique, rose, fleur de laurier-rose ou fleur de grenadier, elle fend la foule, dans une de ces rues étroites, voilées à une grande hauteur, *tendidas,* sans trottoirs ni voitures! Son châle diapré attire l'œil comme une étoile filante, et la fleur qu'elle a sur la tête est un petit réceptacle de lumière! Souvent un compliment plein de grâce ou d'humour, sans ironie aucune, la salue au passage : « *Muy bonita, señora...* » et toujours le sexe fort s'empresse de lui céder le côté du mur qui, en Espagne, est le haut du pavé.

Nous avons dit la note amoureuse de Séville ; voici la note gaie.

Comme beaucoup de villes d'Espagne, comme Cordoue en particulier, Séville fourmille de *patios.*

Le *patio* arabe, appelé *sahn*, était isolé du dehors par une porte pleine bien close. Le *patio* espagnol moderne a le plus souvent une claire grille en fer qui le relie à la rue. Ne dirait-on pas, en effet, qu'il ne fait qu'un avec elle ? Étant données les habitudes de vie des pays chauds, dans les longues soirées d'été, la rue et le *patio* fraternisent ; ils se pénètrent réciproquement, et ces échappées de vue sur l'intérieur des maisons, la facilité de relations qui en est la conséquence, donnent à la ville une animation charmante et originale.

Le *patio*, en lui-même, a quelque chose de séduisant. Toute habitation, case ou palais, a le sien, plus ou moins orné, légèrement voilé pendant le jour, éclairé la nuit. Le *patio*, c'est la prise d'air, le centre aérien de la construction, un *hall* méridional, une salle de fêtes vouée à l'intimité et à la famille, le joyau, le cœur, le sourire de l'habitation, l'oasis lumineuse qui l'éclaire toute avec ses plantes vertes constellées de fleurs voyantes, avec ses jets d'eau argentés.

Le *patio* est tout cela, et quelque chose de plus : c'est une évocation de l'Orient.

Si, des richesses artistiques de Séville, vous retirez la peinture, dont nous avons dit quelques mots ailleurs, et la cathédrale, sujet que nous n'osons aborder, que restera-t-il ? Y aura-t-il encore des merveilles après ces merveilles ? Mon Dieu, pour les Espagnols, Séville toute nue serait encore belle ; mais elle n'en est pas réduite à cette extrémité, et nous allons lui trouver des ornements.

Déjà en voici un, et il est royal : la Giralda *.

Rien d'élégant, rien de pur, rien d'éminemment décoratif, rien de bien assis et léger à la fois, rien qui soit d'une tonalité plus fine, plus douce et plus harmonieuse que cette ravissante fusée arabe qui s'élance au ciel, arrêtée seulement dans son jet, et couronnée (ce couronnement, un deuil pour l'art, ne manque cependant pas de grandeur) par la statue dorée de la Foi aux ailes déployées !

* Le campanile de Saint-Marc, à Venise, d'une ornementation plus pauvre que la Giralda, est conçu sur le même plan. Les Vénitiens avaient, comme les Arabes, de fréquents rapports avec les Byzantins. L'origine commune est évidente.

La Foi, girouette colossale *, admirable trait d'union entre le ciel et la terre, voyez-la là-haut qui brille et se meut dans l'azur!

Vous avez vu souvent, dans la campagne, aux alentours d'un beau pin parasol, surgir de petits pins semés par le vent; ils poussent, ils montent, déjà ils s'arrondissent. Eh bien, il en est de même dans la grande plaine de Valence. Ce ne sont pas des pins, mais des Giraldas qui ont poussé; chaque village s'en est donné une, en guise de clocher, et ces mauvaises imitations d'un modèle parfait, dans cette belle et fertile Huerta, ont encore bien de la poésie.

Au-dessous de la Giralda se trouve la cathédrale. Nous restons muet devant tant de grandeur; nous renonçons à la dépeindre. « *Vox faucibus hæsit.* » Il y a des tâches qu'on n'assume pas, dans votre intérêt, lecteur; celle-ci est du nombre. — « Une vallée creuse et renversée. » Signé : Théophile Gautier. — « Un monde que Dieu remplit. » Signé : Ozanam. — Que cela vous suffise... et ayez pitié de moi.

* C'est une girouette du poids de 1,400 kilos.

Les Espagnols l'ont presque laissée tomber, et ils sont en train, en ce moment, d'emmancher les uns au bout des autres les plus longs fûts de la Norvège pour l'étayer... les malheureux !

Ce que nous venons de dire doit suffire pour réveiller vos souvenirs, si vous avez vu ; et si vous n'avez pas eu cette bonne fortune de voir, ce ne sera rien : *nada.*

Nous pourrions signaler la *casa* de Pilato, qui nous paraît n'avoir avec celle du proconsul romain qu'une analogie bien lointaine : c'est une grandiose fantaisie, un palais superbe du XVIe siècle, tout redondant de magnificence. Au point de vue de l'art, c'est un capricieux mélange du style arabe décadent appelé *mudejar* et du style gothique. La Renaissance aussi y a mis son empreinte. Les dentelles arabes y ont infiniment moins de délicatesse que du temps des Mores. Quant aux *azulejos,* ils sont loin d'avoir ces inimitables tons fauves, crême, noir bleuté, qui font la beauté de ceux de l'Alhambra. Tels qu'ils sont cependant, ils sont fort beaux, et ont été, à n'en pas douter, le chef-d'œuvre de leur époque.

Quelques-uns, en particulier ceux qui représentent au centre de chaque panneau lambrissé du *patio* les armes des Médina-Cœli, sont d'un effet d'irisation admirable.

En somme, cette œuvre de compilation flatte l'œil, fait le plus grand honneur à la science, à l'érudition archéologique, à l'imagination du grand seigneur qui l'a conçue, mais ne saurait, en dépit des souvenirs sacrés évoqués à chaque pas et que rien ne motive, offrir un bien puissant intérêt.

Entrons maintenant dans l'Alcazar des rois mores ou pour parler plus véridiquement, des rois chrétiens. Notre critique perce déjà dans ces mots. Autant nous allons éprouver toutes les ivresses de l'admiration devant les originales et pures splendeurs de Cordoue et de Grenade, autant nous tenons à faire nos réserves au sujet de cet Alcazar rebâti par le roi Don Pedro, habité et restauré par ses successeurs. Nous y cherchons avec passion et exclusivement l'art arabe; c'est, en effet, de lui qu'il s'agit ici. Nous poussons jusqu'au cœur de la place, et trouvons un *patio* admirablement ciselé dans sa partie supérieure, développant sur ses quatre côtés ses portiques soutenus par des colonnes de marbre unies deux par deux; c'est clair, c'est fin de ton, c'est d'une élégance parfaite. On entre par de grandes portes dans les salles royales qui l'entourent; l'une d'elles, la plus arabe, se distingue entre toutes : c'est la salle des Ambassadeurs. Elle est très vaste, très haute. Trois belles portes, d'un cintre outrepassé, à la mode arabe, donnant sur le *patio*, son gracieux *mirador*, des lambris d'*azulejos*, une tribune qui se perd là-haut, sous la voûte, ici, là, un petit panneau architectural qui se suffit à lui-même et forme tableau, toutes ces choses l'habillent et coupent court à toute monotonie; enfin, et surtout, sa coupole et ses murailles offrent une prodigieuse variété de couleurs et de broderies stucquées : c'est un vrai fourmillement d'or et de pierres précieuses.

Eh bien, faut-il le dire, l'œil reste fasciné par tant d'éclat, mais l'esprit (c'est involontaire, c'est instinctif) se reporte toujours au-delà; il fait appel à sa double vue... cherche à reconstituer, principalement au point de vue de la couleur, le palais primitif. Les rois chrétiens ont voulu faire revivre l'harmonie des beaux jours, et comme dans les imitations de nos anciens vitraux, ils n'ont réussi à substituer aux couleurs fines, pures, déliées, intenses d'autrefois, que des tons d'or communs et des effets de couleur un peu violacés.

L'on n'a pas le droit de s'étonner de l'impression que nous avons éprouvée, quand on songe qu'une des beautés primordiales de cette admirable ornementation des Arabes réside dans la qualité exceptionnelle des couleurs qu'ils employaient. C'est un secret qu'ils ont emporté avec eux... et même qu'ils ont perdu. Quant à leur or, une tradition raconte que dans toutes les collines qui avoisinent l'Alhambra, on occupait plus de quatre cents esclaves à laver les sables des ruisseaux pour chercher celui qui se trouvait, en petites parcelles, épars dans la terre. On dit que les ornements dorés des palais sont encore de cet or si pur qu'on tirait du Génil et que les alluvions des montagnes traînaient dans son lit [*].

Il nous a semblé que le cachet d'originalité

---

[*] Dⁿ RAPHAEL CONTRERAS, *L'Alhambra, l'Alcaʒar et la grande mosquée d'Occident*.

de l'Alcazar avait en partie disparu, et qu'en traduisant l'antique décoration des rois mores on l'avait un peu trahie : « *Traduttore, traditore* ». Pour nous, en effet, il y a dans cet édifice quelque chose d'insaisissable, de très réel, de souverainement artistique cependant, quelque chose comme le duvet d'un fruit, le pollen d'une fleur, qui n'existe plus, dissipé par un souffle trop fort. Aussi, nous sentant en défiance vis-à-vis du roi Pierre le Cruel et de son palais, reportons-nous sur l'Alhambra de Grenade notre curiosité et notre admiration sans limites.

Ne quittons pas Séville sans saluer un petit autel qui se trouve dans l'église San-Lorenzo et sur lequel trône une vierge chère à tous les cœurs français, Notre-Dame de Rocamadour, chère, en particulier, à celui d'un de nos collègues de la Société archéologique de Tarn-et-Garonne qui s'est constitué son apôtre en Espagne, avec un bonheur et un à propos dont nous ne saurions trop le louer [*]. Ce n'est pas la Vierge noire

---

[*] M. P. de Fontenilles, inspecteur de la Société générale française d'Archéologie, a publié ce fait historique

que nous connaissons et aimons ; c'est une très grande image peinte au XIIIe siècle. On dirait une grande dame du Moyen-Age, imposante et douce. Eh bien, cette nouvelle forme de la Sainte Vierge n'est pas pour nous déplaire !... Voilà un motif d'invocation de plus pour ses litanies, et pour nous un précieux souvenir à enregistrer.

Vous êtes bien heureux que nous ne soyons pas grand clerc ; vous auriez des détails à l'infini sur les trésors archéologiques de l'*Ayuntamiento,* le plan primitif de la Giralda, cette même Giralda rappelée sur le dos de superbes reliures anciennes, un précieux manuscrit de Pierre le Cruel, un étendard brodé du pieux roi Ferdinand, un splendide plafond Louis XIV à caissons sculptés et dorés, des enluminures anciennes et des caractères d'or d'une grande beauté, toutes choses dont Dⁿ José Gestoso y Pérès, un homme aussi aimable que savant, a bien voulu nous faire les

---

peu connu, à savoir, qu'à la célèbre bataille de Las Navas-de-Tolosa, le succès des armes chrétiennes, un moment compromis, a été dû à l'arrivée, sur le théâtre de l'action, de la bannière de Notre-Dame de Rocamadour.

honneurs. Entr'autres œuvres importantes, ce futur académicien de Madrid a publié, avec une exergue délicate et charmante, « *Parva parvum semper decent* », un livre intitulé beaucoup trop modestement : « *Guia artistica de Sevilla,* » guide artistique de Séville. Il a bien voulu m'en faire hommage. C'est une étude très poussée et du plus haut intérêt.

Tout le monde sait la grande place que la cigarette, l'eau et le soleil tiennent dans l'alimentation, nous disons bien, dans l'alimentation espagnole. Pour ne parler que des cigarettes, ce premier besoin de la vie, des fabriques où elles se font par milliards, celle de Séville est, croyons nous, la plus importante et la plus belle. A plus d'un titre il peut-être intéressant d'y jeter un coup d'œil. Si vous voulez, cher lecteur, nous le ferons ensemble. Ce sera la dernière étape de notre petite excursion de touriste dans cette ville.

Imaginez une collection de grands halls voûtés ayant, je ne sais pourquoi, un faux air d'églises. Quatre mille cigarreras, faut-il le dire... grouillent ici. C'est, avouez-le, un parterre comme on en voit rarement, aux couleurs fondues, parmi lesquelles les cheveux noirs et les robes roses mettent leurs tons dominants. De larges allées droites coupent et alignent ces plates-bandes féminines qui contournent d'énormes piliers et se prolongent sous les voûtes blanches, effleurées à peine, de loin en loin, par un léger rayon de soleil. Des sous-maîtresses, type connu, se promènent, dignes, regardent... et ne voient rien. Armés de longs onglets de fer pointus, des milliers de doigts roulent et ferment les cigarettes avec une agilité merveilleuse. Ce travail est à la tâche, ce qui laisse aux ouvrières une grande liberté. Quelques jeunes filles en profitent pour dormir sur leurs bras, comme des écolières, d'autres se font coiffer par une amie ou se mirent complaisamment dans un petit morceau de glace, ou renouvellent la fleur fanée qui est dans leurs cheveux. Des femmes passent, portant de grandes corbeilles remplies de fleurs, petits cadeaux de l'administration aux cigarreras ; c'est une respectable et bonne mère, l'administration ; *Alma mater !*

Le silence n'est pas absolument de rigueur. A l'approche de l'étranger, le bruissement des voix s'enfle, et il se produit ici (ô souvenir de l'antiquité, vous m'emplissez de volupté!...) l'effet dont parle Ovide, quand un oiseau de nuit, échappé de sa retraite en plein jour, est aussitôt poursuivi par la troupe des oiseaux moqueurs :

..... si quando luce vagantem
Noctis avem cernunt .....

Des regards doux, ardents, suppliants, audacieux, animent ces jeunes visages, dont quelques-uns, surtout parmi les gitanas, sont fort beaux. Fins sourires, grâce rieuse ou tendre, coquetterie gentille ou risquée vous circonviennent, vous assaillent, vous enveloppent... C'est une gamme d'expressions vraiment étourdissante ; et tout cela, pour... « *una perrita* », un petit sou ! Mais elles sont flûtées, ne vous y trompez pas !... et ce n'est là, au fond, qu'un prétexte pour attirer, captiver si possible, votre attention. Tout à coup, du sein de cette exubérance un peu enlaçante, ressort un petit tableau pur, serein, frais comme la fleur humide éclose au matin, reposant comme une crèche de Noël; c'est un innocent *niño* aux pieds de sa mère, dans son berceau, demi-nu dans ses langes; ses chairs blondes éclairent d'une note très douce ce milieu chaudement coloré; et alors l'on voit une chose charmante, ma foi : les jeunes filles se joindre à la mère, et avec elle, sérieusement cette fois, tendre la main pour le pauvre petit, qui aura bien des pas à faire en ce monde avant d'avoir atteint la richesse...

Accueillir, dans cette immense ruche humaine, les bébés, leur donner pour ainsi dire droit de cité, à côté de leur mère, est vraiment une bonne action et une touchante pensée. Nous en savons gré à l'administration, n'est-ce pas, cher lecteur?

Ce délicieux tableau de genre se répète fréquemment. C'est sur lui que nous vous demandons la permission de faire tomber le rideau.

> Quien no ha vista Sevilla,
> No ha vista maravilla.

Sévillans, vous pouvez avoir raison.

IV

Tolède se présente à nous au clair de lune. Nous sommes frappés de l'analogie du site avec celui de Constantine. Le lendemain, au grand jour, la ressemblance a beaucoup diminué. Au lieu du Rummel, voici bien le fleuve du Tage, dont la ceinture d'eau l'entoure; mais où est cette coupe si hardie de la vieille cité africaine, isolée, comme une île, dans les airs? Je ne vois ni de hauts rochers fantastiques ni, à leur base, un torrent noir comme le Styx, au-dessus duquel perpétuellement plânent les milans et les vautours.

Pour n'être pas autant... à la Gustave Doré, la ville n'en est pas moins très pittoresque. Ses fortifications fort anciennes, d'origine visigothe, arabe et chrétienne, en grand partie détruites aujourd'hui, contenaient jadis le flot débordant de ses 200,000 habitants.

D'un point culminant, situé de l'autre côté du fleuve, on voit la ville entière. Elle revêt, de ses maisons bâties en calcaire jaune clair, une grande masse rocheuse légèrement arrondie en forme de dôme. Sa teinte est belle. Beaucoup de ses quartiers ont disparu et laissent de grandes traînées vides; mais il est facile de se figurer l'aspect d'autrefois, quand les petites cases arabes serrées, agglutinées, descendaient en avalanches, arrêtées net par le puissant mur d'enceinte.

Tolède, qui fut pendant près de quatre cents ans le rempart des musulmans en Espagne, n'a plus que des souvenirs. La vie l'a abandonnée. Le nombre de ses rues tortueuses s'est réduit; elles n'abritent plus que 20,000 âmes. On dirait une ruche oubliée au creux d'un vieil arbre; les abeilles s'en sont allées. Quelques-unes restent encore pour témoigner du bourdonnement passé.

L'empreinte des Mores qui l'ont occupée au

temps de sa splendeur est sur elle. Leur sceau est sur les traits de ses habitants, sur les heurtoirs et les clous souvent si artistiques de ses portes, sur ses *patios*. Une porte des fortifications arabes restée debout est un spécimen de leur architecture, plus intéressant cent fois que cette Puerta-del-Sol, dont la silhouette se détache harmonieusement sur le ciel, mais qui n'est, après tout, qu'un joli pastiche exécuté par le roi très chrétien Alphonse VI.

Deux anciennes mosquées, depuis devenues synagogues, Santa-Maria-la-Blanca et Nostra-S[ra]-del-Transito nous initient, l'une au style arabe des premiers âges tout imprégné de souvenirs byzantins, l'autre à cet art moresque dont la tradition s'était conservée chez les chrétiens bien après le départ des Mores et qui prit le nom de mudejar.

Les chrétiens, au reste, vécurent longtemps, à Tolède, côte à côte avec les Arabes venus d'Orient. dont la civilisation était remarquablement éclairée et tolérante. Respectés dans leur foi, dans la liberté de leur culte, ils se fondirent même avec eux, témoins les Mozarabes (mêlés aux Arabes), dont une chapelle spéciale de la cathédrale consacre la mémoire.

Si la troisième grande invasion de l'Espagne, composée de musulmans barbares et fanatiques déversés par le Centre africain*, n'était venue heurter violemment les mœurs et détruire la paix, la réaction qui a amené la perte des Mores n'aurait pas eu lieu. Il est bien permis de supposer qu'en ce cas les Espagnols, continuant à vivre en bons termes avec le turban, auraient fini par se le mettre sur la tête.

La belle cathédrale de Tolède qui, par la simplicité et l'unité de son architecture, rappelle un peu les cathédrales du Nord de la France, a cela de particulier que ses vitraux d'un coloris splendide, où le jaune domine, projettent une lumière dorée dont les reflets adoucissent le ton blanc de la pierre et lui donnent une douceur infinie.

Ce monument remarquable, du moins n'usurpe pas, comme font le palais de Charles-Quint à

---

* Les Almoravides ou Almohades venus de l'empire du Mahgreb (Maroc).

Grenade et la cathédrale de Cordoue, une place glorieusement occupée par une autre civilisation. C'est sans remords que le poème en bois de sa *silleria**** (la plus curieuse qui soit en Espagne) peut chanter, dans la diversité infinie de ses tableaux, la victoire des chrétiens : elle n'est pas née sur des ruines.

Le maître-autel de la Capilla-Major possède un immense et magnifique rétable en bois de mélèze, dont les tableaux polychromes, sculptés en haut relief, sont d'un grand mérite et d'un effet très harmonieux. Les personnages qui composent les scènes du bas sont de petite taille; ils vont toujours grandissant, en raison directe de la hauteur et de l'éloignement, en sorte que dans le haut comme dans le bas du grand édifice de bois les groupes et les détails accessoires se présentent à l'œil avec la même clarté. Cette loi fort rationnelle était observée dans la sculpture monumentale de l'ancienne Grèce; témoin, le Parthénon. On y a dérogé dans les temps

---

* Béruguette en est l'auteur.

modernes ; témoin, l'arc de triomphe de l'Étoile, à Paris.

Mais ne nous attardons pas ; la belle Andalousie nous réclame, la belle Andalousie où l'art et la nature prennent un aspect plus oriental, où tout revêt un ton plus chaud et plus doux. La sierra Morena appelée aussi sierra de Cordoba, la sépare et l'isole du sauvage et aride plateau central de l'Espagne. La sierra franchie, nous nous rappellerons toujours notre surprise. On eût dit qu'une toile venait de se lever, faisant apparaître à nos yeux, comme par enchantement, un nouveau décor ; nous étions en Europe, nous voici en Afrique ! A une atmosphère, à une flore, à un ensemble de végétation analogues à ceux du Midi de la France ont succédé l'air et la flore des régions chaudes. De très grands aloès, qui paraissent être en métal, et dont les hautes tiges fleuries ressemblent à d'immenses cierges pascals, donnent tout de suite au pays son véritable caractère.

En Afrique, le même contraste subit et plus frappant encore se manifeste dans la traversée des monts de l'Aurès, qui séparent la région du

Tell de celle des Zibans. En deçà de la chaîne, la terre fertile, hospitalière, avec sa verdure et ses fleurs : *Tellus ;* au-delà, l'onduleuse et infinie mer de sable, piquée de rares oasis. El-Kantara, la gorge grandiose qui permet de traverser la chaîne, la « Porte-du-Désert, » comme disent les Arabes, s'ouvre sur une nature absolument *nouvelle manière*. Et, phénomène étrange, il n'est pas rare de voir dans le ciel, au-dessus de la ligne divisoire des monts, deux zônes éthérées parallèles, de coloration très différente : l'une d'un bleu intense et profond, celle du Tell ; l'autre, celle du Sahara, à l'atmosphère sèche, ardente, torride, uniformément embrasée.

Nous contemplions ce panorama nouveau, mais déjà l'Andalousie et l'Orient n'occupaient plus notre pensée qui s'envolait, rêveuse, vers un autre ciel d'un bleu plus doux, souvent nuageux... et nous le voyions nettement transparaître dans ces vers harmonieux de Lamartine :

....

Ce n'est plus qu'un troupeau candide
Qu'un pasteur invisible guide
Dans les plaines de l'horizon :

Sous ses pas l'azur se dévoile,
Et le vent d'étoile en étoile
Disperse leur blanche toison.....

Non, décidément, le ciel de France n'avait pas le droit d'être jaloux des autres ciels.

V

Cordoue ! Encore une ville déchue, mais combien intéressante, celle-là, avec sa grande mosquée, monument unique au monde, et son aspect actuel si particulier !

Il n'est pas, dans toute l'Espagne, une ville plus africaine que Cordoue, une ville plus blanche. Alger, le Vieil-Alger, la surpasse encore en blancheur ; il s'arrondit sur sa colline et, vu de la mer, semble une ville magique ajourée et neigeuse, indiquée à la craie sur le ciel. Dans les souks de Tunis l'on peut surprendre pour ainsi dire le secret de ces blancs laiteux répandus sur tout l'Orient : Au point de départ de ces jolies voûtes revêtues d'ombre et de soleil, dans ces angles où le pinceau du manœuvre chaque année reprend sa tâche, vous compteriez presque les couches de lait de chaux accumulées, comme on voit sur les tranches d'un livre largement ouvert se dessiner un à un les feuillets.

Il n'est point douteux que de tels empâtements ont pour effet d'enlever au blanc sa crudité. Ces villages bas, d'Afrique, qui brillent au loin, ces dômes isolés (koubbas), blanches étoiles semées dans la campagne, acquièrent par là une douceur en même temps qu'une profondeur de ton incroyables : tantôt dardées bien en face par un soleil de feu, elles apparaissent étincelantes dans leur blanc de laine très pur, tantôt vers le lever ou le déclin du jour, elles reçoivent de lui comme un imperceptible reflet bleu, violet ou rose.

Le blanc, c'est encore de la lumière, et la lumière, à ce degré-là, c'est la vie, la vie intense ! Cet Orient a trop de lumière ! Il en aurait assez pour teinter tous les pays de spleen, assez pour mettre en fuite les plus épais brouillards du Nord, pour engourdir bien des chagrins et rasséréner les jours les plus sombres !...

Puisque aussi bien nous sommes en pleine

Arabie par les monuments et les souvenirs, qu'il nous soit permis en mettant fin à notre petite digression et pour clore cette monographie du blanc, de citer un joli et point banal dicton arabe, auquel l'Orient surtout donne toute sa vérité et toute sa saveur ; le voici :

Le jaune a de l'éclat et de la convenance ;

Le rouge est vif et beau ;

Le vert est entraînant ;

Le noir est triste ;

Le blanc seul a de la grandeur et de la noblesse.

Au Moyen-Age, toute la puissance et la gloire des Arabes d'Occident se posa sur Cordoue ; c'est là que fut la floraison complète de leurs mosquées, de leurs Alcazars les plus beaux et de leurs plus remarquables universités. Les ressources du pays, mal cultivé et appauvri aujourd'hui, devaient être en rapport avec ces richesses et les besoins d'une immense population. L'histoire rapporte, que vers l'an mille, la ville se répandait dans toute la vallée qui était couverte de jardins parsemés de beaux édifices et de mosquées, en sorte que de la montagne voisine où s'élevaient les palais royaux de Médine-Azahra, « la Ville-des-Fleurs, » on pouvait voir des milliers de minarets s'élancer, comme des lis éblouissants, du sein des bois d'orangers.

La mosquée d'Abder-Rhaman * et d'Almanzor ** a été horriblement mutilée. Au centre est installée une cathédrale dans son entier développement ; d'énormes piliers, des autels apparaissent autour de cette « verrue artistique » à la place des légères colonnes de marbre ; un carrèlement exhausse le sol et empâte leur base ; d'insipides voûtes ont remplacé des plafonds de bois peints, dorés et admirablement ouvragés, en tout semblables à ceux dont le musée de l'Alhambra nous conserve des spécimens. Les portes donnant sur le *patio* ont été murées, et dans l'édifice, aujourd'hui trop clair, le jour ne s'introduit pas de la même manière qu'autrefois...

* Les bases en furent jetées en 786.

** Almanzor, premier ministre d'un kalife de dix ans, fit, en 998, à la grande mosquée, des additions importantes.

Et pourtant, telle qu'elle est, elle saisit l'imagination et lui permet encore de tenter une restitution.

Comment donner une idée de cet ensemble original et vraiment merveilleux, immense quadrilatère, à l'extérieur forteresse, à l'intérieur temple aux mille colonnes surmontées de deux arcs en fer-à-cheval superposés, enchevêtrés les uns dans les autres avec un art infini, coupés de rouge et de blanc ? Le *patio* des orangers, immense, régulier, plein de fontaines jaillissantes pour les ablutions, ensoleillé et odorant, en était comme le splendide vestibule ; seize portes cintrées, tendues de belles et lourdes étoffes de Perse, le mettaient en communication avec l'intérieur de l'édifice dans lequel elles projetaient, par l'entrebaillement des tentures, de longues traînées de lumière. En s'éloignant de l'éblouissant *patio*, l'éclat du jour diminuait, la pénombre se faisait dans l'immense forêt de colonnes d'une étendue de deux hectares ; et c'était vraiment alors un monde inconnu, mystérieux comme la divinité.

L'impression éprouvée ici est étrange. Il n'est

plus question d'envolées dans l'azur, comme dans nos belles cathédrales gothiques. Qui de nous n'a senti sa pensée s'épurer et s'élever, dans cette atmosphère morale un peu triste que caractérise bien le duo pensif, presque immatériel, de saint Augustin et sainte Monique, dans le célèbre tableau d'Ary Scheffer ?...

Il n'y a rien d'analogue dans le monde arabe. L'Arabe vivait plus rapproché que nous de la nature; la loi de Mahomet avait accentué encore en lui cette disposition fataliste que la fréquentation intime de la nature donne à tous les peuples sauvages ou primitifs, et en avait fait un trait caractéristique de la race. L'arcure surbaissée de ses temples, ce mystère mêlé de crainte, cet horizon rasant le sol, comme un vol d'hirondelles effrayé par l'orage, tout cela est bien dans l'esprit de la loi du prophète, tout cela est grave, impressionnant, religieux, mais pèse sur l'âme, la rabat, pour ainsi dire, sur la terre.

Quel écart immense entre ce temple de l'islam et une cathédrale, celle de Burgos, par exemple, où tout concourt si bien à élever, à consoler quand il faut, à réchauffer l'âme! Hautes grilles en bronze, tableaux de marbre, chandeliers d'argent monumentaux, rétables vieil or, richesses infinies de l'ornementation gothique qui se combinent et se perdent dans la variété des perspectives, lumière chaude et vive des vitraux qui joue au-dessus de vos têtes dans des régions supérieures, statues en extase qui vous attirent à elles, images qui vous regardent, toute cette ordonnance intérieure, prodige d'art et de sentiment, se résout en un sublime : « *Sursum corda!* »

L'orgue y parle une langue qui appartient pleinement à un monde idéal intermédiaire entre la terre et le ciel; et je me figure que c'est une cathédrale de Burgos que Marguerite de Faust dut trouver sur ses pas, quand elle entra, tout éplorée, dans la maison du Seigneur, attirée par les chants pieux.

Mais le temple de Cordoue aussi porte à l'extase. Une fête religieuse y doit être d'un grand caractère. Il me souvient d'en avoir vu une à Alger, dans la grande mosquée de Djama-Djedid; le spectacle était frappant. Avec le cadre de la mosquée de Cordoue, il eût été digne des *Mille et une nuits*.

Les Arabes purifiés par des ablutions ont pris place, en longues files parallèles, sur les riches tapis. Quelques fidèles isolés ne suivent pas l'office que psalmodient les birmans, et prosternés baisent la terre en leur particulier. Pas une femme; elles ont leurs heures. Le silence est très imposant; et comme pas un instrument de musique, pas un chant ne s'entendent, de ce grand silence et de la vue de ce peuple absorbé dans sa prière résulte une impression de spiritualisme très marquée; on dirait un couvent de moines. Il y a dans la simplicité des poses, dans la symétrie des groupes, tantôt, debout tantôt prosternés, dans la dégradation des tons blancs de ces burnous, depuis la laine fine du cheik jusqu'à la toile de sac du fellah, un effet de recueillement et de lumière indescriptible.

Ce tableau plein de grandeur se reporte de lui-même dans l'immense mosquée de Cordoue*. Nous voyons, en pensée, les splendeurs du Ramadan, ces milliers de lampes et de lampions

---

* On sait que la superficie de l'édifice est de 167 mètres en longueur et de 119 en largeur.

multicolores, toute cette ornementation par l'illumination dans laquelle les Arabes sont passés maîtres; et sur ces dalles doucement zébrées de lumière qui fuient dans une prespective infinie, cette armée de fantômes blancs prosternés, face contre terre.....

Rien n'est changé chez ce peuple depuis les premiers âges de l'Islam.

En dehors des heures réservées à la prière l'on devait certainement voir aussi, semés çà et là, dans la grande mosquée, comme je les vis en Afrique dans celle de Sidi-Okbah, des groupes d'enfants assis en rond, sur leurs talons, autour d'un magister, dans la même posture, tenant une férule à la main. C'est ainsi, par l'école religieuse et par la discipline, que se formaient ces bonnes générations de sectateurs de Mahomet.

Pareils à ces taches de coquelicots qui apparaissent de loin en loin dans les champs et qui les éclairent, ils étaient là, ces marmots, leur fez rouge sur la tête, enveloppés dans leurs petits burnous pittoresques, vifs et soumis, criant jusqu'à extinction de chaleur naturelle de courts versets du Coran. Après tant de siècles, il semble

qu'on voie encore ici le reflet de ces choses...
....

Les nefs de la djami de Cordoue étaient, dans le principe, au nombre de cinquante environ ; leurs fenêtres qui sont aujourd'hui banales, pour tamiser le jour et produire cet effet de clair-obscur dont nous avons parlé, étaient ornées de sortes de guipures en mica et de grillages.

Quant aux colonnes de marbre, on constate parmi elles une certaine variété provenant de la diversité de leur origine. Les Arabes utilisent d'abord des fûts enlevés aux temples chrétiens : c'est l'époque des Goths, reconnaissable à son caractère de décadence. Bientôt, leur art prenant possession de lui-même et s'affirmant, à ces chapiteaux corinthiens sans pureté, maladroite imitation de Rome et de la Grèce, ils substituent une ornementation à leur marque, simple, délicate et très sobre. Tel en effet est le caractère des chapiteaux du côté est de la mosquée, construit par Almanzor. C'est encore du style corinthien, mais, ainsi que le fait justement remarquer Théophile Gautier, « un corinthien arabe, plein

« de force et d'élégance, qui rappelle plutôt le
« palmier d'Afrique que l'acanthe de Grèce. »

Il est intéressant, comparant entre eux les styles architecturaux dont la colonne est un des traits les plus saillants, — tels l'art grec, l'art égyptien, l'art arabe, — de constater au sommet des fûts de chacun d'eux l'épanouissement de la flore locale propre à chaque climat.

Quelles sont donc ces tiges, groupées en faisceau, dont l'assemblage forme une colonne? n'est-ce pas là, entre parenthèse, l'origine de la cannelure?... Serrées au cou par un lien, les voilà qui, arrivées à leur sommet, s'épanouissent en fleur pour former un chapiteau. Nous sommes en Egypte : ce sont les tiges et les fleurs du papyrus et du lotus. C'est la flore des bords du Nil; dès les premiers âges, elle s'est installée en maîtresse dans les temples.

La Grèce a trouvé chez elle une plante élégante et ornementale, l'acanthe, et en a tiré le beau parti que l'on sait.

A Cordoue, c'est une sorte de palmier rudimentaire, réminiscence de l'Afrique, qui imprime sur cette sombre et grandiose forêt qui s'appelle la mosquée d'Abder-Rhaman, un cachet d'origine.

Le cœur de la djami, le point de mire de tout croyant, est le mihrab, lieu sacro-saint, orienté vers La Mecque, dans lequel la présence d'Allah se fait sentir plus qu'ailleurs. C'est, croyons-nous, dans ces dimensions-là, ce que l'art oriental a donné de plus parfait; les Arabes ont su apposer sur ce sanctuaire vénéré le cachet suprême de leur art.

Une description est chose impossible. Il faut signaler, à une certaine élévation, encadré par des colonnettes géminées et occupant le fond du sanctuaire, un cintre dont le vide est rempli par des découpures et des ajourements de pierre, seuls passages par où pouvait s'introduire un jour discret. L'émir, pendant les offices, se tenait derrière ce transparent auquel il accédait par un escalier partant de sa chapelle qui était contiguë.

Il faut signaler, dans l'intérieur du marabout, les lettres d'or surmontant des corniches et des frises d'une finesse inouie; et comme revêtement de la façade cintrée du mihrab, des cubes de cristal, presque microscopiques, qui forment des mosaïques d'un ton à la fois très vif et très harmonieux, où le noir, l'or et le rouge sombre dominent.

Il faut signaler encore, sur cette même façade du mihrab, se déroulant en des courbes charmantes, de longues légendes du Coran dont les caractères d'une netteté et d'une élégance parfaites sont entrelacés avec des fleurs.

La beauté de ce petit sanctuaire surpasse ce qu'on en peut rêver. Et voyez le génie des Arabes ! ils sont arrivés à l'apogée de leur art, rien qu'avec des dessins de dentelles ou des dessins linéiformes, des feuilles et des fleurs. Ressources modestes, en vérité, mais la science est si grande, l'imagination si inépuisable, que nulle lacune ne se fait sentir. Je me trompe, ils disposaient d'une autre ressource exceptionnelle dont il convient de dire deux mots ; c'est l'écriture.

S'ils ne reproduisaient dans leurs dessins ni figures humaines, ni animaux s'adaptant au caractère de l'œuvre, comme les chimères dans l'art de la Renaissance, ni rien de ce qui est vivant dans la nature, les Arabes avaient trouvé, du moins, dans l'heureux emploi de cette belle écriture ancienne appelée koufique, une compensation. C'est à Koufa, ville d'Asie, ancienne capitale des kalifes avant Bagdad, que cette écriture fut inventée*. Mahomet l'avait employée pour écrire son Coran; ses caractères réguliers se prêtaient admirablement à la décoration architecturale.

L'antique Egypte, mère de la civilisation grecque, dans des temps préhistoriques, inscrivait déjà ses légendes en hiéroglyphes sur les architraves de ses temples. Le plaisir des yeux et la glorification de la divinité y trouvaient également leur compte. Au cours des siècles, cette décoration intérieure, rare dans les temps primitifs, se transforma; elle se multiplia, devint très dense et très détaillée. Chaque tableau mural ayant acquis une valeur magique, on put voir ces tableaux se multiplier à l'infini, au point qu'il n'y eut pas une surface unie qui ne reçut l'ornementation de la gravure. Des scènes de la vie,

---

* A. DE BEAUMONT, *Les Arts décoratifs en Orient et en France.*

des emblèmes y furent représentés, mais toujours le hiéroglyphe maintint ses droits. Tandis qu'une corniche ou une frise terminait un panneau dans sa partie supérieure, toujours une marge horizontale de hiéroglyphes le limitait dans le bas*; c'étaient des dédicaces en belles lettres gravées profondément, d'un dessin délié et large.

Ne trouvez-vous pas qu'il serait intéressant de rechercher dans quelle mesure la décoration arabe par l'écriture dérive de l'ancienne décoration hiéroglyphique égyptienne? Voyez, chers amis..... la recherche de la paternité, en ces matières, n'est pas interdite !

L'écriture arabe décorative, conception originale et heureuse, n'a pas disparu sans laisser des traces assez profondes; si bien que dans les fresques et autres peintures du Moyen-Age et de la Renaissance, on voit parfois les robes des saints, les chapes et les manteaux des prêtres décorés de caractères koufiques **.

---

* MASPÉRO, *L'Archéologie égyptienne*.
** Ne trouve-t-on pas aussi, dans la plupart des monuments chrétiens, des caprices d'ornementation qui ne sont autre chose que des souvenirs du style arabe ?

Il faut savoir enfin s'arracher à la grande mosquée et à son *mihrab,* mais qui les a vus les garde à jamais dans son souvenir, comme le plus parfait modèle d'un art admirable et complet.

VI

Cordoue, depuis longtemps, a disparu dans le lointain. Notre train, sans hâte nous emporte, ne transperçant pas les montagnes, mais les contournant, et nous permettant ainsi d'admirer à notre aise les plus beaux paysages de l'Andalousie. Si j'avais été roi more, j'aurais bien moins fait mes délices des jardins de l'Alcazar de Séville, plus ou moins coupaillés de buis, que du beau pays qui entoure Grenade. Rien de heurté dans ces fertiles campagnes ; leurs champs de luzerne, de blé et de maïs qui ailleurs sont, sinon des taches, du moins des imperfections, comme toute chose venant de l'homme, se fondent dans l'harmonie universelle. Le paysage, à Antequerra, s'épend en longues lignes suaves et douces, dominé au loin par les étages parallèles de montagnes nues aux reflets changeants. Ormes et bouleaux qui bravent les frimas du nord, au bord de la Véga se laissent vivre; la ramie, la canne à sucre, le cotonnier oublient, dans la douceur de ce climat, leur torride pays d'origine, et nous allons trouver, dans les pentes même de l'Alhambra, une poussée de végétation folle, à rendre jalouses les plus riches alluvions des plaines.

Les terres sans arrosage, disent les Italiens, n'ont qu'une valeur de santé. En principe, dans tout pays méridional, cet adage est vrai. L'Andalousie a le soleil et l'eau. Quand l'eau lui manque, elle trouve moyen d'être fertile encore, et de ses quinconces d'oliviers elle tisse à ses collines de grands manteaux de velours vert cendré. Ici, l'on respire enfin, délivré de ces immenses plateaux incultes qui paraissaient ne devoir jamais finir. Belle et bonne Nature, on vous retrouve! Les fruits que vous exposez dans cette région, avec orgueil, proviennent d'un mariage d'amour avec le soleil!

. . . .

Au moment de franchir le seuil du temple sacré, le grand prêtre de Boudha se sent envahi par une crainte mystérieuse : il approche de la divinité! C'est ainsi qu'en arrivant à Grenade, et près de soulever le voile qui nous cache encore l'Alhambra, l'émotion nous retient, et nous cherchons d'abord à voir briller son ensemble féerique à travers le feuillage des plus beaux arbres de l'Espagne. Nous arrivons à l'Albaycin : tout écran disparaît; c'est bien *lui* qui se dresse devant nous et profile sa silhouette dans la lumière dorée. Ses bâtiments, d'une couleur rosée, comme groupés au hasard, sont flanqués de tours et ceints d'un grand mur, et ce mur dont l'onduleux circuit se moule sur les plis de la coline est égayé par un charmant feston de petits créneaux arabes triangulaires. Une végétation puissante comme celle des tropiques, enveloppant ses terrasses, se prolongeant, en bas, jusqu'aux abîmes du Darro, lui fait un piédestal de verdure digne de lui.

Mais d'où vient ce son grêle qui nous distrait de notre rêverie et sort du flanc d'un rocher?... L'Albaycin est le quartier des *gitanos*, et nous vous avouerons qu'en ce moment s'organisent des danses en notre honneur. Puisque nous sommes sur le chapitre des aveux, nous ajouterons même que nous comptions trouver dans les vêtements des danseuses un peu de cette couleur locale chère à tout voyageur honnête, et que nous avons été déçus. En Espagne, de couleur locale il n'en existe plus, dans l'habillement du moins. Quant aux mœurs, elles n'en ont guère. Le matin même, n'avions-nous pas vu le « roi des *gitanos,* » orné d'une tête à caractère et d'un superbe costume tiré à quatre épingles et soigné comme une châsse, passer et repasser devant nous, vendant sa photographie très cher ?... Eh bien, en fait de couleur locale, voilà tout ce que nous avons vu dans la péninsule ! Les chemins de fer ont tout effacé, tout nivelé.

Si vous le voulez bien, pendant qu'on prépare notre bal, rendons nous compte de l'entourage de la salle :

L'Albaycin qui fait face au verdoyant Alhambra, est une montagne très déclive, nue, sillonnée par des gisements horizontaux de roches blanches. Dans les anfractuosités agrandies de ces rochers, pullule toute une population de *gitanos*. Ces tribus que l'on rencontre dans nos campagnes d'Europe, errant comme des âmes en peine, se sont posées ici. Depuis des siècles elles sont pelotonnées là, contre ces murs de pierre blanche ornés de bouquets de cactus, aux feuilles pareilles à des médailles. A la douce chaleur du soleil d'Andalousie, elles ont semblé oublier cette mystérieuse et lointaine terre d'origine dont leurs yeux reflèteront toujours l'éclat.

Il y a peu d'années encore, la gendarmerie espagnole respectait leurs antres ; aujourd'hui qu'ils ont laissé prendre leurs fils par la conscription, leur indépendance est bien compromise. Mais les filles des *gitanos* s'en consolent en dansant devant les étrangers !...

C'est dans une de ces tanières de pierre que se passe la scène ; elle n'a d'autres ornements que sa blanche chemise de chaux, sa guirlande de vigne à l'entrée et sa belle lumière.

Nos compagnons de voyage et nous sommes assis en rond, les coudes au corps. J'ai connu des anchois qui étaient moins serrés. Au centre, dans un espace de quatre mètres carrés, se déploient pour nous les grâces des *gitanas*. Leurs danses, très cadencées, sont des sortes de bourrées, puis le *boléro* et le *fandango*. Accompagnées par une guitare et des battements de mains auxquels répondent leurs petits coups de talon secs, elles ont une façon de danser très souple, mais toute sauvage, mouvementée à l'excès et fort peu châtiée. Un souvenir de l'Orient, ces battements de main. Par moments aussi, un vague rappel de la danse du ventre. Pourtant la vraie danse du ventre est très sobre de manifestations. C'est à Biskra, dans son cadre naturel qu'il faut la voir. Une étoile des Ouled-Naïls nous en avait donné un intéressant spécimen, il y a quelques années.

Engoncée dans des voiles et des étoffes de soie bleu foncé, couverte de bracelets, de colliers, ornée de colossales boucles d'oreilles, de nattes en poil de chameau plus colossales encore, coiffée d'un diadème à pendentifs de louis d'or, une jeune fille, les yeux baissés, s'avance pour danser, au milieu d'une grande salle, au sol battu, sous un toit de roseaux. Sur des bancs recouverts de nattes, des Arabes, serrés eux aussi, les uns contre les autres, sont assis et regardent avidement. Pendant que deux tamtams et un fifre font un vacarme aigu, la femme danse sur place, ou en avançant à tout petits pas, mais toujours sans qu'on voie en elle d'autres mouvements que celui des hanches et du ventre, ce dernier sursautant en mesure, d'une telle façon, qu'on jurerait que le diable est dans la boîte et lui donne une vie propre, absolument indépendante du reste du corps. La tête est droite, les yeux restent fixes et impassibles.

Ce spetacle, sans charme pour un Européen, grise les Arabes. C'est pour eux un vrai sport.

La danseuse, nous l'avons dit, fait partie de cette tribu des Ouled-Naïls, dont le territoire d'occupation est placé entre Touggourth et Lagouath, tribu vraiment originale, dont les filles, pour se conformer à un pieux usage (expression sacramentelle), aspirent à recueillir, non avec leur danse qui est toujours gratuite, mais avec leur, comment dirai-je?... leur beauté, une valeur équivalente à trois kilos d'argent. Ce sera leur dot.

Fortune faite, elles reviennent au désert, sont

accueillies comme la manne, et deviennent, comme chacun sait, des épouses modèles.

Le chaud soleil d'Afrique, qui fait merveilleusement pousser toutes choses, ne donne pas des ailes à l'amour !........................ ....

....

VII

....
Chaque peuple, à son tour, a régné sur la terre,
Par les lois, par les arts et surtout par la guerre;
Le temps de l'Arabie est à la fin venu.
Ce peuple généreux, trop longtemps inconnu,
Laissait dans le désert, s'ensevelir sa gloire :
Voici les jours nouveaux marqués pour la victoire !

Ces vers, d'une facture un peu vieillie, sont de Monsieur de Voltaire.

Eh bien, la prédiction de Mahomet s'est accomplie, et l'épanouissement artistique qui a été la conséquence, la consécration de cette victoire, le voilà sous nos yeux. Ce fameux Alhambra, expression de la pensée d'un peuple en pleine gloire, sceau de sa civilisation, le voilà !

Nous savons déjà que c'est une forteresse. L'Oriental, en vrai philosophe, jouisseur, pas vaniteux, de tous temps a su cacher ses femmes et ses trésors.

Ce palais enchanté a cela de particulier qu'il excite la curiosité à un aussi haut degré que l'admiration. Il est, dans ses dispositions irrégulières et imprévues, le reflet de la vie de l'Arabe passionné et rêveur, plein d'imprévu, lui aussi, dans ses fantaisies sensuelles et dans sa volonté autoritaire.

La cour des Lions, les salles de la Justice, des Abencerages, des Deux-Sœurs, des Ambassadeurs ressortent, comme des unités exquises, dans cet ensemble sans unité.

La *cour des Lions* est adorable. Ses galeries sont soutenues par des colonnes de marbre d'un blanc laiteux, doux et satiné. Ses hautes plinthes en *azulejos*, aux tons chauds et superbes, servent de repoussoir aux broderies des murailles. Mais entendons-nous bien : ceci n'est pas de la sculpture; il y faut un peu, mais pas trop de relief;

trop serait au détriment de la légèreté. C'est une mousse légère; c'est, à proprement parler, une dentelle fine et moelleuse, où s'entremêlent et se marient, avec une grâce incomparable, une netteté absolument merveilleuse, des entrelacs, des feuilles et des fleurs; elle est ciselée au couteau dans le stuc et comme tendue sur un transparent bleu, rouge et or. Puis enfin, viennent les légendes décoratives, en caractères koufiques. Elles ont toutes été traduites et publiées. Rien de sensuel, comme on pouvait s'y attendre; ce ne sont que maximes, glorifications de la divinité. Un émir, qu'on avait surnommé le Victorieux, inscrit : « Il n'est autre victorieux qu'Allah !... » Et les belles lettres arabes, au galbe pur, tranchent en blanc mat sur le fond de dentelles.

Tout cela forme un ensemble auquel le regard s'attache passionnément. Un velum tendu au-dessus devait tamiser la lumière trop vive et la mettre au diapason voulu. Des eaux limpides devaient courir en minces filets, dessinant sur les dalles de marbre de pures lignes géométriques; on en voit encore les dessins. La cour pavée de grandes briques émaillées, blanches et bleues, est ornée, au centre, d'une belle fontaine ; c'est une grande vasque évasée reposant sur les croupes convergentes de douze lionceaux. Une disposition particulière faisait prendre aux eaux qui s'élançaient la forme d'une demi-coupole ; fontaine et lions se trouvaient ainsi couverts d'un voile diaphane. Ce petit monument offre le spécimen le plus complet de sculpture arabe que l'on connaisse, soit en Espagne, soit en Orient ; il est d'un beau caractère, et ses lions, quoique très primitifs, portent la trace de l'art babylonien, puissant et large. Les peuples orientaux, à commencer par les Égyptiens, aux époques préhistoriques ont, de tout temps, su reproduire magistralement le lion. Quoi d'étonnant ? n'avaient-ils pas des occasions fréquentes de surprendre sa seigneurie du désert, d'observer ses habitudes et ses manières ? Quelle différence entre ces petits lions, rien qu'ébauchés, mais vivants, sous leur masque de pierre, et les modernes matamores qui décorent la base du monument élevé à Christophe Colomb à Barcelone ! Est-ce qu'un vrai lion a jamais mis ainsi le poing sur la hanche ?

Suivant Dⁿ Raphaël Contreras*, le célèbre restaurateur de l'Alhambra, on ignore si la jolie coupole centrale qui avance sur la cour comme un promontoire, supportée par seize colonnes légères, était au temps des Mores encadrée de terrasses ou de toitures. Dans ce dernier cas, les tuiles devaient être revêtues d'un émail de plusieurs couleurs qui faisait corps avec elles, et ces couleurs devaient se combiner avec un fond d'or formé par des tuiles également émaillées.

Selon le point où l'on se place, la perspective varie. Le charme général est indéfinissable. Dans cette cour nue, démantelée, que rien ne vient plus animer, sur laquelle ont passé cinq siècles d'oubli et d'abandon, le spectateur est encore captivé, fasciné, et ses yeux sont doucement éblouis.

La cour des Lions est une des parties de l'Alhambra dont la photographie peut le mieux

---

* La vie de Dⁿ Raphaël Contreras a été consacrée à l'étude de l'art arabe en Espagne. L'ouvrage qui contient le fruit des nombreuses recherches de ce savant nous a été gracieusement offert par son fils, Dⁿ Mariano Contreras, le distingué conservateur de l'Alhambra.

donner une idée. Il y règne une symétrie toute particulière qui n'a rien de sec, mais au contraire est nuancée et pour ainsi dire graduée, fondue. Pour me résumer, le caractère dominant de ce chef-d'œuvre est une suprême élégance et une grande douceur.

Le même sentiment artistique qui a produit ici des effets pleins de grâce produit ailleurs, en se conformant aux instincts de la race, des conceptions grandioses. Les salles des Ambassadeurs de l'Alhambra et de l'Alcazar de Séville, à ce point de vue, sont admirables; l'on croit voir, dans leurs cadres splendides, se déployer tout le faste de l'Orient.

Au point de vue religieux, à Cordoue, n'avons-nous pas vu quel parti le génie arabe a su tirer de l'immensité, du demi-jour, du mystère, comme moyens de produire la grandeur?... Vraiment c'étaient de grands metteurs en scène !

Et sans quitter l'Alhambra, ne voyons-nous pas combien ce même génie, quand il veut, sait faire grand, avec une remarquable sobriété d'ornements? Est-il rien de plus pur, de plus simple à la fois et de plus grand que cette belle porte du Jugement placée au pied de la colline, à une des entrées de l'enceinte? Pour notre part, nous l'admirons à l'égal des plus beaux morceaux d'architecture antique.

Dans les œuvres des Arabes, — c'est une chose qu'il importe d'observer, — qu'il s'agisse d'édifices grandioses et sévères, ou de résidences vouées au luxe et au plaisir, comme l'Alhambra, et dans lesquelles tout est harmonie, la proportion ne détone jamais; elle est toujours idéalement juste... et c'est peut-être là leur plus grande beauté !

Les peuples arabes avaient tous la même manière de rendre la justice : le chef se tenait, certains jours, sous le porche, à l'entrée extérieure de son palais; c'était là qu'il accueillait les requêtes et que les accusés avaient rendez-vous. C'est improprement, pensons-nous avec Dⁿ Contreras, qu'une salle de l'Alhambra est appelée *salle de la Justice*. Nous ne pouvons supposer que le sultan dérogeât aux usages, c'est-à-dire aux lois, pour le plaisir douteux d'introduire, au cœur même de son palais, des fâcheux; c'est le nom le plus doux qu'on puisse donner aux repris de justice de l'époque. La vérité est que la salle de la justice était une salle des délibérations. Trois marabouts ou grandes niches la commandent ; ce sont des sortes de petits boudoirs arabes ravissants où, sur des coussins de soie, les grands dignitaires pouvaient prendre place autour du chef pour délibérer.

Nous n'essayons de décrire ni ces marabouts, ni cette salle, ni tout le dédale du palais ; mais nous voulons signaler, comme un cas exceptionnel et rare, les portraits des rois Arabes qui, peints sur maroquin, décorent la voûte du marabout central.

Comme on le sait, le Coran défend toute représentation de la nature animée, la considérant comme une sacrilège usurpation des droits de Dieu. Ces peintures, grossières du reste, ont été commandées par un émir en infraction de la loi.

Le sultan Al-Hakem, esprit large, avait déjà permis, en 976, qu'on sculptât des images sur la chaire en bois de santal de la grande mosquée de Cordoue, dont on voulait faire une merveille.

Mais les peintures de l'Alhambra ont-elles été exécutées par des artistes mahométans ou par des Italiens en tournée dans les pays latins, suivant les usages de l'époque ? Nous tenons pour les Italiens, la première supposition nous semblant trop hardie.

Il y a à Constantine, sur les murs du palais du Dey, une peinture à fresques représentant un très singulier combat naval. On croira volontiers que l'abordage a dû se faire *sans phrase,* car pas un visage humain, pas un marin n'apparaît, ni dans les cordages, ni sur les ponts!... C'est ainsi que la loi de Mahomet pesa sur l'auteur de cette peinture; on assure pourtant que ce fut, non un musulman, mais un chrétien prisonnier de guerre.

L'Alhambra étale à nos yeux une ornementation d'un genre spécial, absolument neuf, dont il faut chercher l'origine dans l'architecture persane; nous voulons parler de ces brillantes et étranges stalactites d'or dans lesquelles les Arabes d'Occident étaient passés maîtres. On songe aux stalactites naturelles, et de là vient leur nom; mais elles font penser aussi, à notre avis, aux alvéoles de cire des abeilles. C'est une juxtaposition extrêmement originale de toutes petites coupoles, de toutes petites voûtes d'or en pendentifs, très creusées, aux arêtes très proéminentes. Leur groupement serré, leur profusion infinie, tantôt, comme dans la salle des Abencérages, revêt entièrement la grande voûte d'une coupole, tantôt, comme dans la cour des Lions et dans les autres salles, prend la forme des arcades, auxquelles elle donne un éclat inouï.

On sait qu'il y a eu trois périodes distinctes dans l'art arabe d'Occident et que l'Alhambra est de la troisième.

Les traditions byzantines se font jour particulièrement dans les monuments de Cordoue qui sont de la première; à l'Alhambra, ce sont les influences persanes.

Au cours de sept siècles, durant lesquels des invasions successives ont entretenu un courant constant de communications avec l'Orient, les Arabes d'Espagne en sont arrivés à exprimer dans leur architecture de Grenade ce qu'il y a en lui de plus raffiné. Est-ce l'apogée de leur art? N'est-ce pas plutôt un commencement de décadence? Question très délicate. Ce que l'on peut dire, croyons-nous, c'est que l'esprit des dominateurs de l'Espagne, s'étant amolli, concevait encore, dans un style d'une pureté merveilleuse, non plus des sujets sévères et grandioses, mais des sujets gracieux.

L'Arabe n'a jamais cessé d'admirer l'art brillant de la Perse et de s'en inspirer. Il était séduit par la surabondance et le luxe de cette ornementation dont les tissus de ce pays peuvent encore aujourd'hui nous donner une idée. Mais puiser dans la vue de nombreuses voûtes, aussi variées de dimensions que de couleur, la conception d'un élément architectonique nouveau, fut de sa part un trait de génie.

L'Alhambra — et c'est ce qui fait son exceptionnel mérite — est d'un goût très particulier. Le style de la troisième époque arabe, un peu mièvre peut-être, mais merveilleux de délicatesse et d'élégance, y fleurit dans tout son éclat; l'idéalisme oriental est là, à plus haute dose que dans tout autre monument de la péninsule... et peut-être du monde. On peut dire de l'Alhambra — passez-nous l'expression — que c'est l'art arabe poussé à son maximum de volupté.

Touchons maintenant légèrement du doigt le revers de cette belle médaille :

L'architecture, on l'a dit, est une pensée rendue sensible. Celle-ci n'élève pas l'âme. Le sentiment du surnaturel lui fait absolument défaut.

On raconte que le grand émir Abder-Rhaman III, de glorieuse mémoire, dont le règne dura cinquante années, ayant éprouvé sans doute la lourdeur de cette atmosphère morale, avoua n'avoir eu, au milieu de ces délices ensoleillées d'un demi-siècle de durée, que quatorze jours de bonheur !

Combien préférable fut le sort d'un autre héros d'Espagne, un pauvre diable celui-là, le héros de Cervantès ! De généreuses aspirations, au fond chrétiennes, le fortifièrent dans l'épreuve, et ses illusions, ses chères illusions donnèrent à sa vie un bonheur relatif ! O mon pauvre Don Quichotte, que nous plaignons ceux qui ne sont pas un peu de ta famille !...

Des illusions aux larmes il n'y a qu'un pas. Ne nous éloignons pas de l'Alhambra sans rappeler cette touchante légende du *Soupir du More* :

Au moment de quitter à jamais le pays de Grenade, son climat de neige et de feu et avec cela doux comme le miel, son air ambiant saturé d'impression délicieuses, sa Sierra-Névada, divinité protectrice au blanc diadème, sur le point de dire adieu à ce rêve réalisé qu'on appelle l'Alhambra, le dernier roi more « el chico », sent mollir son courage : Boabdil est en route pour l'exil, suivi de sa nombreuse escorte. Il a mis pied à terre ; sa sultane favorite est descendue de sa litière et, se jetant à son cou, lui prodigue de tendres consolations... Tout à coup, il s'arrache à ses enlacements de bras obstinés et à ses baisers, s'affaisse sur un rocher de la sierra d'Elvire, d'où la vue s'étend au loin sur la Véga de Grenade, une vraie mer azurée !... Ses serviteurs, mornes, sur leurs coursiers blancs, s'écartent ; chacun respecte sa douleur. Lui, regarde longuement, une dernière fois, l'Alhambra resplendissant où flottent à présent les bannières d'Espagne, et sent de grosses larmes rouler sur ses joues..............................

Quel poème ferait autant d'honneur à l'Andalousie et à l'Alhambra que cette larme ? Elle est comme une signature éloquente et grandiose apposée au bas de ces magnficences.

Cette larme du roi more a glissé à travers les âges, est devenue l'élément éternel du sentiment et de l'imagination populaires sur la terre d'Espagne.

Ton nom, Boabdil,

> Ton nom dans le peuple vivra;
> Il vivra dans la poésie,
> Tant qu'une corde restera
> Aux guitares d'Andalousie.

MONTAUBAN

Imp. Ed. FORESTIÉ

1892

www.ingramcontent.com/pod-product-compliance
Lightning Source LLC
Chambersburg PA
CBHW070252100426
42743CB00011B/2233